INSTRUCTON PUBLIQUE DES FEMMES.

LETTRE

A M. LEVI ALVARÈS,

Professeur d'Histoire, etc.,

SUR LES INSPECTRICES DE LA VILLE DE PARIS,

PAR

Mme J. Bachellery,

MAITRESSE DE PENSION.

PARIS,

PASSAGE CENDRIE, N° 6, CHAUSSÉE-D'ANTIN.

1844

Vous avez désiré avoir mon sentiment sur les attributions des nouvelles inspectrices, chargées d'examiner les institutions de la ville de Paris, je me suis efforcée de justifier l'idée favorable que vous avez conçue de mon jugement, en traitant cette question d'un point de vue général, et en me faisant l'écho de l'opinion et des intérêts de la grande majorité des maîtresses de pension de la Capitale et de toute la France.

Persuadée comme vous devez l'être vous-même des difficultés qu'on doit avoir à créer quelque chose de vraiment efficace dans l'enseignement des femmes, où nul centre n'existe pour donner une impulsion normale, je me suis demandé comment j'agirais moi-même, si j'avais à faire usage de l'initiative gouvernementale, ou si j'étais appelée à un tel poste en pareille occurrence.

Sans doute, c'est une mesure nécessaire que d'arriver à faire des inspections sérieuses dans les établissements, puisqu'il est vrai que l'emploi des dames inspectrices qui existait autrefois se

1

trouvant purement honorifique, malgré les bonnes intentions et les principes excellents qui animaient ces dames, n'était entre leurs mains qu'une sinécure.

Je crois que toute œuvre bien faite mérite salaire et demande un savoir spécial, et je ne manquerai jamais d'applaudir à l'extension des fonctions salariées remplies par les femmes. La répartition la plus étendue des ressources qui affluent vers l'État, est de la politique bien comprise; toute femme fonctionnaire qui recevra un traitement sortable, groupera toujours une famille nombreuse autour d'elle, le célibataire égoïste accumulant et vivant seul n'existera jamais parmi nous.

Au surplus, en cette circonstance, il n'y avait point à hésiter; vous concevez sans peine, Monsieur, tout ce qui s'opposait à ce que MM. les membres du comité de la Sorbonne ou de l'Hôtel-de-Ville, pussent inspecter les institutions si nombreuses des jeunes demoiselles de la ville de Paris.

Voyons au moins si l'on a pris des précautions pour retirer quelque bien de cette création nouvelle qu'on est obligé de confier au savoir et à la prudence des femmes.

La ville de Paris, toujours empressée à prendre les devants dans toute innovation utile, a fait, dit-on, généreusement les frais d'un traitement

de 2 à 3000 francs pour chaque inspectrice.

S'il s'agissait d'appliquer de tels appointements à un membre universitaire, vous savez de quelles épreuves et de quelles garanties on entourerait de semblables nominations : les talents, le concours, le droit d'ancienneté, voilà les gages qu'on donnerait à l'opinion publique et à l'édification de la corporation enseignante.

Sous le régime absolu qui gouverne notre espèce d'université féminine, on n'est pas retenu pour si peu. En général, je ne crains pas de le dire, dans la carrière administrative des femmes, le patronage intime préside trop souvent au choix du pouvoir : inspections d'enseignement, bureaux de tabac, de poste ou de timbre, etc., sont accordés pour la plupart au bon plaisir et au savoir-faire ; la raison en est simple, *le droit* n'est écrit pour nous nulle part,[1] et bien peu de femmes ont la possibilité et le courage de signaler les erreurs

[1] Les femmes rendent aujourd'hui plusieurs services à l'État : elles seraient peut-être capables d'en rendre un plus grand nombre encore, et malgré certaines fonctions administratives qu'elles remplissent et dans lesquelles les hommes ne peuvent les remplacer, leur part du *droit d'égale admission aux emplois publics* (si minime qu'elle soit), n'est formulée en aucun article de loi ; de sorte que les attributions, les offices que le pouvoir leur accorde en titre ou par *délégation* n'existent qu'en vertu de la *coutume*, de l'*extension* arbitraire ou de la *tolérance*.

ou les iniquités commises à leur égard par l'om-
nipotence masculine.

Je ne connais aucunement les personnes que
M. le préfet de la Seine a proposées au choix du
ministre, et j'aime à croire qu'on a pris soin de
s'enquérir du mérite particulier de chacune
d'elles ; mais je vous le demande, Monsieur, si
l'autorité, dans un intérêt commercial ou industriel, se décidait à faire inspecter rigoureusement
les premières maisons de Paris, en robes, cha-
peaux ou lingerie pour y introduire des améliorations, réformer des abus, croyez-vous qu'il
serait convenable et sensé de faire adresser des
conseils, des remontrances aux chefs de maisons,
ouvrières les plus habiles et les plus expérimen-
tées, par des apprenties, ou des maîtresses sans
nom dans la fabrique et le commerce ? Hé ! bien,
des trois nouvelles inspectrices qui vont venir
examiner les institutions, distribuer le blâme ou
la louange, et qui devront laisser partout des
traces de leur science enseignante et administrative, aucune, que l'on sache, ne possède une
réputation notable dans l'instruction publique.

Pourquoi ce qui est équité et garantie pour les
hommes ne servirait-il pas de règle pour les femmes ? MM. les inspecteurs généraux de l'Université, où les prend-on, si ce n'est parmi les provi-
seurs de colléges royaux, les recteurs d'académies, etc., qui eux-mêmes sont sortis des premiers

rangs du professorat? Précisément parce que tout est sans précédent, sans hiérarchie dans l'instruction secondaire des *femmes*, ce devrait être une raison pour que MM. du comité dirigeant de l'Hôtel-de-Ville, qui sont à la tête de l'enseignement le plus actif et le plus avancé, missent une conscience et un discernement très-scrupuleux dans tous leurs choix, afin de ne pas être accusés d'arbitraire ou de légèreté.

Si partout on avait un sentiment profond de l'influence que peut exercer pour sa part l'éducation publique des femmes sur le mouvement des choses de ce monde, on y prêterait peut-être un peu plus d'attention, et l'on ne verrait pas le spectacle bizarre d'hommes éminents, érigés en législateurs qui, se proposant de faire faire un progrès à l'éducation générale de leur pays, se sont pris à soulever toutes les questions d'enseignement sans oser prononcer une seule fois le nom de *femme*, à propos d'une loi qui plus tard servira de règle aux établissements et aux institutrices qui les dirigent, comme si une solidarité commune ne devait pas exister pour l'enseignement laïque des deux sexes.

Mais ce n'est point à vous, Monsieur, qui avez tant fait pour éclairer la génération des jeunes filles de notre époque qu'il faut apprendre à considérer avec importance et gravité tout ce qui se rapporte à l'éducation des femmes. Je reviens donc aux conditions indispensables pour remplir dignement les fonctions d'inspectrice.

Je le répète, il n'est rien qui puisse tenir lieu de la science pratique, de cette maturité persistante qui seule donne à l'autorité le calme et la pénétration. On aura beau multiplier les instructions, si officieuses et détaillées qu'elles puissent être, elles ne pourront jamais éclaircir tous les doutes, prévoir toutes les objections et surmonter les difficultés d'une mission si délicate ; en un mot, n'espérez pas rehausser le caractère, et raffermir la parole d'un supérieur, si les actes de sa vie éprouvée et laborieuse ne sont pas là pour commander le respect et la confiance des inférieurs. Il ne faut pas se dissimuler, Monsieur , que la tâche ne soit épineuse, si l'on veut ne pas se borner à faire un simulacre d'inspection.

Certes, il ne serait pas difficile de montrer qu'on fait quelque chose en se mettant en travail de tracasseries et de rigueurs, on pourrait aisément produire de l'éclat et du bruit en multipliant les entraves et les exigences , mais ce n'est pas, j'imagine, la défiance et la peur qu'on se propose d'inspirer aux institutions universitaires, déjà si maltraitées par la concurrence des communautés religieuses, je me plais à supposer que le but des nouvelles inspectrices sera d'édifier et non de détruire; que loin de décourager le dévouement et les efforts d'une vocation si méritante, elles viendront la consoler et la soutenir.

Convaincue que l'autorité enseignante ne désire être mieux informée de ce qui se passe à l'intérieur des institutions que dans une intention protectrice et paternelle, je voudrais faire partager mes vœux et mes sympathies à celles qui viendront franchir le seuil de ces demeures studieuses, pour éclairer les pas ou approuver la marche des chefs qui les dirigent.

Deux grandes choses appellent l'attention de l'autorité dans nos institutions : c'est, d'une part, la philosophie de l'enseignement, l'art pédagogique qu'il s'agit de fonder ; de l'autre, l'action moralisante, incertaine et languissante, qu'il faut déterminer et raffermir.

Le mouvement intellectuel qui a élevé le degré d'instruction des femmes est trop récent pour se développer dans une route sûre ; cet élan nouveau, plein de sève et d'incohérences, véritable ardeur féminine qui s'éprend pour les arts, l'enseignement ou la littérature, peut être dédaigné par certains hommes supérieurs, nos aînés dans la science ; mais puisqu'ils sont impuissants à l'arrêter, ne serait-il pas plus sage de chercher à le régler pour le conduire ?

Dans la spécialité qui nous occupe, Paris seul voit surgir chaque année 15 à 1800 jeunes filles, peu éclairées sur leur vocation, mais qu'une aptitude de mémoire et la nécessité de se faire un état poussent aux examens de l'Hôtel-de-Ville, dans le but d'obtenir des brevets d'enseignement secondaire ; j'ai vu d'assez près ce qui se fait sur ce point à la Préfecture de la Seine pour en disserter un autre jour avec vous, je me bornerai, en ce moment, si vous le trouvez bon, à redire en d'autres termes ce que vous avez déjà si justement exprimé vous-même ; c'est que les examens sévères imposés à toute institutrice, ont rendu le service d'éloigner du corps enseignant l'ignorance grossière, mais qu'ils sont insuffisants à faire naître le caractère et à donner les connaissances nécessaires pour conduire habilement une classe ou diriger sagement une institution, et pourtant, nous ne possédons jusqu'alors d'autres pépinières officielles que celle des bancs de la Sorbonne et de l'Hôtel-de-Ville, où puisse se former l'apprentissage moral et intellectuel des jeunes sous-maîtresses.

Ce secret approfondi des méthodes qui nous initie à la marche naturelle prise par l'intelligence pour réaliser ses acquisitions, cet art d'exercer un empire sur tant de volontés fugitives, d'employer l'énergie sans perdre la douceur, ce talent de captiver et d'instruire sans cesse en moralisant toujours, ce respect religieux, cet amour pour l'enfance, enfin ce sentiment élevé de ses devoirs, ce zèle ardent qui nous excite à

transmettre à toute heure les lumières et la raison à ces intelligences qui sommeillent ou qui
s'égarent, mais, mon Dieu ! tous les diplômes
achetés par tant de soupirs et de veilles nous lais-
seront tout à fait novices en ces qualités si essentielles du professorat, tant qu'une école normale
importante ne viendra pas donner à la foule des
aspirantes l'inspiration morale et scientifique.

Puisque l'érudition manque à la source, elle
doit forcément manquer au point où elle viendrait
aboutir ; si j'étais appelée en tournée d'inspection dans les maisons d'éducation, je m'atten-
drais donc à trouver bien des lacunes et des
faiblesses dans les plans généraux, la marche
logique et coordonnée des études. Avec une ex-
trême simplicité, un empressement tout à fait
inoffensif, je m'informerais des méthodes, du
programme complet des matières enseignées ; je
chercherais à insinuer la démarcation bien dis-
tincte des classes entre elles et le lien général
qui les unit ; je recommanderais l'exécution bien
régulière des répétitions, la rareté des congés,
l'exactitude des heures d'exercice, je prendrais
plaisir à parcourir toutes les classes et à recueil-
lir des notes sur chacune d'elles ; je monterais
parfois dans la chaire des maîtresses pour juger
par la pratique même des procédés suivis, en
m'efforçant d'obtenir des élèves les plus timides
ou les plus ignorantes des réponses libres et na-

turelles, à l'aide d'une bonhomie et d'une aménité excessive.

Je serais sans prévention contre les méthodes
excentriques dont la valeur est admise, pourvu
qu'on en comprît les principes et qu'on les appliquât avec habileté et persévérance. Je voudrais
voir l'étude des langues étrangères si essentielles aux communications rapides de notre temps
mise à l'état d'instruction élémentaire dans toutes les classes. Je recommanderais partout pourtant l'inflexion vraie de la lecture, comme un
puissant moyen de développement intellectuel,
j'aimerais à retrouver l'ordre et la netteté dans
les écritures, j'applaudirais certainement aux tableaux historiques, aux desseins copiés qui ont
au moins le mérite de l'exactitude et de la propreté; mais peu admiratrice de la science qu'on
entasse en manuscrit dans les cahiers qu'on ne
relit plus, des cartes ou des dessins que la main
des professeurs falsifie trop souvent, ce que je préconiserais par-dessus tout, c'est l'esquisse improvisée, l'intelligence qui spontanément se produit
elle-même, c'est la petite provision de science
dont l'enfant dispose à l'instant où on l'interroge,
le raisonnement parlé, le problème qu'elle essaie
à résoudre, la figure de géométrie, la position
géographique qu'elle vient tracer au tableau, enfin la composition qu'elle écrit à la minute sur
un sujet donné. Au résumé, je ne puis retracer

ici les ressources imprévues dans lesquelles pui-
seraient le zèle et la sagacité d'une inspectrice à
la hauteur de sa mission, toutes les indications,
tous les germes d'amélioration qu'il lui serait
facile de semer sur son passage.

Je ne m'appesentirai pas sur la partie matérielle de mon inspection, l'espace et la bonne dispo-
sition des localité sont garantis par les réglements
administratifs; les soins, la propreté, la bonne
nourriture ont dans la plupart des parents des
contrôleurs plus actifs et plus clairvoyants que
nous ne pouvons l'être.

Pensez-vous qu'il faille exciter par l'éloge cette
propension à l'élégance dans les choses qui réclament la simplicité? Ce luxe si souvent trom-
peur de dortoirs, de lingeries, de lavabos et de
réfectoires, tout cela doit être approuvé sous le
rapport de l'ordre et de l'utilité, mais rien de
plus; il est si aisé de donner le change aux familles, en flattant les yeux par des dehors sédui-
sants, plus faciles à apprécier que les aspects
sérieux moins évidents et si souvent inaperçus
par les intéressés eux-mêmes.

L'esprit industriel et mercantile qui s'est glissé
dans plus d'une institution n'échappera pas aux
regards d'une inspectrice expérimentée; sans jeter un blâme offensif sur ces ostentations frivoles,
que malheureusement on rencontre partout, je

donnerais une approbation marquée et exclusive
à tout ce qui concourt, dans un établissement, à
l'élévation morale et intellectuelle des élèves, et
s'il était permis d'admettre quelque part l'attrait
des ornements, ce serait à l'intérieur des classes
que j'en autoriserais l'usage, dans l'espoir qu'il
ferait aimer l'étude, en mêlant quelques charmes
aux longues heures écoulées en ces lieux ordinai-
rement négligés et peu fréquentés des visiteurs.

Enfin j'approuverais les choses créées tout
exprès pour le bien-être et l'instruction des enfants, et je passerais indifférente à travers les sa-
lons somptueux et les parloirs ornés de fleurs,
en gémissant tout bas de cet orgueil du confor-
table qu'on rougit souvent de trouver absent ou
plus modeste, en rentrant dans sa famille.

J'ai hâte d'arriver à la deuxième partie de ma
tâche. Je me suis permis d'avancer cette assertion
qui tendrait à faire penser que l'animation
morale manque aux institutions ; je suis loin de
croire que les inspectrices puissent la leur donner entièrement, mais elles peuvent y contribuer
en faisant servir leur éloquence et leur sagesse à
fortifier ce côté que je crois vulnérable.

On ne peut mettre en doute, à moins d'inexpé-
rience et de partialité que nos institutions ne lais-
sent à desirer dans la pratique un sentiment plus
élevé de leur importance sociale, une applica-

tion plus habile et plus fervente à développer l'élément moral et religieux qui fait la base de tout enseignement.

Avant d'aborder cette discussion, pour vous montrer, Monsieur, que mes observations ne sont pas hostiles et n'empruntent rien aux circonstances, je m'empresse de rendre hommage à la haute expression de mon pays qui, en émancipant l'enseignement de la servitude monastique, a voulu qu'il devînt le patrimoine de toutes les croyances, et que les femmes destinées à former le cœur et l'intelligence des jeunes filles qui seront mères un jour, fussent mères de famille elles-mêmes.

J'examinerai donc avec franchise cette question de moralité dans l'éducation laïque qui sert si fréquemment de thème à l'aigreur des controverses.

Je crois que ce qui contribue à rapetisser l'enseignement, à lui enlever une partie de son influence sur les âmes, c'est sa tendance à se matérialiser dans la science, à se convertir ainsi lui-même en profession stérile qui marche tristement dans l'ornière classique ou qui se fait industrielle pour courir avidement à la fortune.

Ce qui détourne aussi les institutions de leur but moral, c'est l'incertitude du succès, l'absence de sécurité matérielle ; joignez à cela le manque de hiérarchie, l'intérêt divergent et les rapports pleins de froideur des directrices et des maîtresses ; mais le pire découle de cette erreur qui s'applique à faire deux parts à l'instruction ; l'une, classique, sèche et aride, entichée de mots sonores qui encombrent la mémoire en laissant le cœur vide, indigente richesse qui métamorphose la plupart des professeurs en obscurs pédagogues que l'enfance redoute ; l'autre, dogmatique et morale, laissée en partage à l'initiative cléricale qui, ayant déjà une charge d'âmes si immense, n'agit que de loin en loin sur les consciences juvéniles en faisant naître des impressions qui s'effacent bien vite ; et cependant les vertus qu'elle prêche sont si parfaites, si héroïques et font un tel contraste avec les habitudes du monde qu'il n'est pas trop de l'exemple, des exhortations journalières de la famille, des occasions et des ressources ingénieuses, dont l'nstruction classique dispose, pour les assimiler à l'existence morale de la jeunesse.

Il est donc urgent de prêcher d'en haut l'alliance des deux enseignements et la prédominance même du sentiment moral et religieux qui vivifie l'éducation par une pensée commune élevée et chérie de tous : on doit se mettre à l'œuvre pour resserrer, unifier et faire naître une confiance affectueuse dans les rapports des directrices avec les maîtresses et des maîtresses avec les enfants.

Dans ce but, il faut que l'autorité enseignante s'efforce elle-même de transformer au plus vite ses habitudes administratives pleines de roideur, d'oublier ses formules de légalité anguleuse et brisante comme les arrêts du destin, afin de donner l'exemple des principes de bonté et d'amour qui sont le fondement de notre morale, et ne pas être inférieure sur ce point à l'autorité enseignante des corporations religieuses ; en un mot, le pouvoir doit accorder sa protection efficace et paternelle à toutes les institutions comme à des centres épars de la même famille.

En attendant que l'Université ait fondé des maisons modèles où puisse se former des femmes nourries de ces maximes, je vous prie, Monsieur, de joindre vos vœux aux miens pour que les nouvelles inspectrices qui font l'objet de cette épître, ne viennent pas considérer les personnes et les choses avec cette inflexible sécheresse, ce regard impassible des inspecteurs de postes et de finances.

Dans le gouvernement des affaires de l'éducation publique, la justice elle-même, lorsqu'elle est obligée de se montrer rigoureuse, doit relever les erreurs, indiquer des réformes et présenter des réglements sévères, sans froisser les intérêts, ni décourager les esprits ; elle est tenue de s'appliquer à justifier patiemment ses mesures, en prenant soin d'entourer d'égards et de garanties conservatrices les changements qu'elle vient opérer. C'est avec cette attitude calme, ce langage doux et conciliant qui donne aux actions la sanction d'une autorité bienfaisante que les inspectrices en tournée vraiment pastorale doivent pénétrer dans les institutions, si elles comprennent leur devoir. On verra alors les directrices de maisons, entourées de leur jeune troupeau, recevoir avec joie et bonheur ces messagères du pouvoir apportant l'union et l'espérance au milieu d'elles.

Je ne crois pas qu'on puisse m'objecter que des pratiques semblables aient été jusqu'à présent en usage, cependant toutes les réformes sont possibles quand il s'agit d'une cause comme celle qui se trouve engagée ici et en ma faible vue de femme, je pense que la liberté même de l'enseignement est compromise par la défaveur et le dénigrement qu'on s'efforce de jeter sur les institutions.

Rien donc ne doit être négligé pour que la religion et la morale ne servent plus de prétexte à la nouvelle croisade qui s'est levée contre l'enseignement laïque.

Si ce point en litige a forcé l'Université à devenir prudente, à se précautionner contre des assertions dangereuses et des prétentions exagérées ; si on a jugé nécessaire de s'observer, de redoubler de zèle pour établir sur toutes choses une rivalité noble et digne avec les petits séminaires ou avec les congrégations religieuses occultes ou reconnues, dans l'instruction publique des femmes, tous les établissements ont à soutenir avec les couvents une lutte bien autrement difficile et réclament une clairvoyance et des mesures non moins importantes.

A ce propos je ne puis m'expliquer comment il se fait qu'on repousse comme envahissantes et nuisibles certaines corporations d'hommes vouées à l'enseignement et qu'on ne voie aucun inconvénient à ce que, sans être assujettis à la loi commune, de toutes parts les monastères de femmes viennent couvrir encore le sol de la France et immobiliser de nouveau les biens qu'ils y accumulent; je me demande par quelle inconséquence ou plutôt par quel dédain pour l'influence de notre sexe sur le cours des choses d'ici-bas, on laisse grossir ainsi les obstacles. Quelle est d'un côté cette volonté dirigeante qui se roidit et se courrouce pour fermer la porte aux Jésuites, et de l'autre cette voix complaisante qui les encourage et les appelle en multipliant les maisons professes et en faisant si gratuitement l'abandon de l'instruction secondaire des femmes à cet esprit qu'on nomme ultra montain? Pourquoi cette tolérance enfin pour ces légions d'institutrices voilées qui s'enrichissent du revenu des libres pensionnaires, sans être soumises aux inspections et aux examens qu'on impose aux institutrices séculières?

Avant d'indiquer quelques-uns des moyens qui peuvent aider les institutions secondaires

OLE RO

2 .

à se maintenir en concurrence avec les maisons cloîtrées, je tiens à constater la position critique et périlleuse où elles se trouvent.

Il se peut que l'éducation des femmes occupe une place très-minime dans l'opinion du corps universitaire, qu'il n'éprouve aucun souci de voir la plupart des jeunes filles élevées au couvent, dans des doctrines qu'on dit funestes aux jeunes gens ; sans doute il importe peu que le génie des femmes soit propre à les répandre et à les conserver dans les familles, et qu'ainsi une foule de mères fassent de leurs fils des néophytes ardents à désirer l'instruction des disciples d'Ignace dont on a tant de peur ; mais ce qui doit importer davantage peut-être, au point de vue des inspections, c'est l'impossibilité de se soutenir longtemps encore devant la multitude, sans cesse croissante, des communautés religieuses.

Quiconque est versé dans les choses de l'instruction publique doit savoir les fortes dépenses que nécessite la bonne tenue d'une institution ; de vastes bâtiments avec jardin dans les grandes villes, de nombreux employés, des professeurs, des maîtresses, sans parler des autres charges journalières, tels sont les frais spéciaux dont il faut tenir compte lorsqu'on les oppose surtout aux recettes bornées, rendues chaque jour plus médiocres par les misères de la concurrence. Hé bien ! pour que les maisons d'éducation pussent aller de pair avec les couvents, il faudrait, ce qui est impossible, qu'elles fussent allégées d'un si lourd fardeau, puisque les communautés n'en ont à supporter aucun de cette nature.

Si je voulais exposer la situation dispendieuse et précaire des maisons séculières vis-à-vis de la sécurité et de l'abondance des établissements religieux, je mentionnerais, d'un côté, la gène et le labeur qui mènent si difficilement celles-ci, comme on dit vulgairement, *à joindre les deux bouts;* de l'autre, l'aisance, qui, sans de longs efforts de travail, affranchit ceux-là du poids énorme des loyers en les rendant si promptement propriétaires.

Ici, les intérêts divisés, les entraves, les défiances, les mille obstacles qu'on rencontre sans cesse, et là, une maîtrise absolue, la confiance sans bornes, les honneurs, les encouragements joints à la certitude infaillible d'une prospérité commune.

Loin de moi la pensée d'envier ni d'exclure ces avantages de l'Association que j'admire; si je les signale, c'est afin d'attirer sur les institutions indépendantes et morcelées les lumières et la protection de l'autorité, c'est principalement pour atténuer à leur égard les censures et les exigences qui dans un tel état de choses pourraient manquer de pénétration et de justice.

Je n'attends pas à coup sûr qu'on improvise

des ressources propres à fonder des établissements qui puissent rivaliser avec les maison monastiques, mais, pour peu qu'on tienne à conserver l'enseignement secondaire dans l'éducation
des femmes, il est indispensable qu'un avenir
prochain vienne réaliser cette espérance. [1]

On doit se demander en conscience ce que de-
viendrait l'Université, si elle n'avait pas ses éco-
les normales, ses colléges royaux et ses académies
pour se soutenir en face de l'organisation puissan-
te des établissements du clergé. Ce ne sont donc pas
les comités d'examen ni toutes les inspections possibles qui peuvent répondre à une situation dont
la gravité doit être évidente aux yeux de tous.

Si je me suis étendue sur ces détails qui au
premier abord semblent étrangers à mon sujet,
vous devez voir, Monsieur, que c'est dans le but
d'attirer les regards de nos inspectrices sur ces
difficultés fondamentales, afin qu'à leur tour elles
éclairent l'autorité sur les réformes importantes
qui peuvent donner seules une solution radicale
aux nécessités présentes.

Cependant comme le progrès ne s'opère jamais
sur une échelle aussi vaste que l'imagination le
considère, nous devons appliquer nos forces et
notre zèle à conquérir un faible bien dans le pré-

---

[1] J'ai tellement médité sur cette question que je ferai
connaître, quand il en sera temps, un plan complet qui
pourra la résoudre d'une manière simple et avantageuse.

sent, sans attendre le mieux idéal perçu dans
l'avenir.

Rien ne s'oppose à ce qu'on s'améliore et qu'on
grandisse en un point dont on dispose toujours,
je veux parler des réformes qu'on peut atteindre
sans recourir à des innovations trop dispendieu-
ses.

Que les corporations religieuses profitent donc
des ressources que leur procurent la faveur et la
générosité des classes riches, il ne faut pas s'ima-
giner que ce soit à tout prendre la meilleure
condition pour obtenir la véritable élévation et
la prospérité la plus durable. *Instituez des gra-
des bien acquis, des fonctions légales* dans la
profession enseignante ; essayez d'ouvrir une
voie *plus large* au développement intellectuel
et à *la culture* du *sentiment religieux* dans les
institutions, et bientôt elles seront à même d'attendre et de préparer de meilleurs jours.

Sans jeter la moindre défaveur, ni juger d'un
point de vue critique l'enseignement qu'on reçoit
au-delà des grilles, je me permettrai d'apprécier
avec impartialité ce qui le constitue. Une foi
exclusive et immuable, telle est l'unité qui fait
la force et la valeur de l'enseignement des corporations religieuses ; cette nécessité impérieu-
se de soumettre la raison et l'intelligence à
l'autorité d'une hiérarchie infaillible et d'un
dogme absolu, fonde la stabilité et la rectitude,

mais doit forcément immobiliser les réglemens et les méthodes ; si on a remarqué que les études s'en trouvaient amoindries pour les jeunes gens, vous devez juger quelle faiblesse en résulte pour l'instruction des jeunes filles.

Lorsqu'on fait vœu de renoncer au monde, d'immoler en soi toute idée de gloire et d'intérêt humain, n'est-il pas naturel qu'on soit porté à considérer l'isolement et l'obscurité comme les vertus par excellence ? Dans ce brisement avec la vie réelle, lorsque le rêve favori, la voix aimée redit sans cesse à l'âme le bonheur d'une autre vie dont à toute heure on constitue l'image, on conçoit que la volonté tende à toucher le but et délaisse la science qui éloigne toujours les bornes de l'infini, à mesure qu'elle nous fait connaître et admirer les profondeurs qu'il embrasse.

Il arrive en effet, dans les établissements monastiques, que l'esprit est négligé pour le symbole et que les pratiques de piété extérieure y tiennent une place proportionnément plus grande que les études classiques, que l'intelligence alanguie se fait contemplative ou s'absorbe en des vétilles sans importance.

On cherche vainement dans le mobile qui porte aujourd'hui les chastes épouses du Seigneur à se faire encore les initiatrices de la science moderne parmi les femmes, ce véhicule puissant des temps anciens, cette vue indépendante et nette du mouvement des esprits, ce zèle ardent, ce pouvoir de satisfaire les intérêts et les sentiments des populations nouvelles.

Le monde ne recule pas, il marche en avant et ne vient à personne; il faut aller à lui pour le connaître; il a ses rudes exigences qu'on doit savoir subir, ses obstacles particuliers auxquels il faut apporter d'ingénieuses et actives ressources.

A moins d'être inconséquente avec elle-même, l'éducation monastique ne peut s'appliquer à suivre les rapides évolutions du siècle, pour préparer avec amour et intelligence les jeunes générations qui lui sont destinées; elle est inhabile à leur parler des luttes qu'elle ignore, à les rendre capables de surmonter les difficultés de notre civilisation, qu'en définitif il faut accepter et comprendre pour s'y acclimater.

Qu'importe aux humbles et paisibles recluses d'élargir le cercle des connaissances inutiles ou étrangères au but qu'elles se proposent; bien abritées et bien assises, comment sauraient-elles aguerrir les autres contre des éventualités et des empêchements qui ne les atteignent pas? Peuvent-elles concevoir la pensée de se modifier elles-mêmes pour s'harmoniser avec le savoir et les nécessités du monde, quand elles ont la foi que ce monde nouveau, avec sa science, ses besoins et

ses désirs, doit se régler encore sur les siècles
passés, et répudier le présent pour les écouter et
les suivre ?

Maintenant, si l'on examine ce qui manque aux
institutions secondaires des femmes, formées gé-
néralement sous l'inspiration libre, entreprenante
et souvent légère des conceptions et des desseins
individuels, on voit que c'est la lente maturité ,
cette empreinte d'une forte volonté organisatrice
qui sait édifier sur des plans appropriés aux destinées d'une grande nation.

Pour réparer autant que possible une omission si
grave, le pouvoir temporel n'a rien de mieux à faire que de s'appliquer à comprendre et à poursui-
vre ses vues en éducation , avec cet esprit vaste et
persévérant, cet amour intarissable que l'autorité
de l'Église apporte aux fondations d'enseignement
qui sont ses œuvres les plus chères; il trouvera
des éléments admirables dans l'expérience et le
caractère d'un grand nombre d'institutrices formées à l'école du devoir et des épreuves, dans
cette exubérance d'émulation qui porte une foule
immense de jeunes filles instruites et sans fortune
à rechercher une carrière honorable , à la condition d'offrir en échange au dévouement qu'il y
faut consacrer, la perspective certaine d'une aisance modeste, et d'une sécurité que la société
devrait toujours offrir à tous ceux qui la servent
avec un tel labeur.

Admettons à présent qu'une inspectrice partageant les idées que nous venons d'émettre se présentât dans les institutions ; si elle ne trouvait pas cette ampleur d'organisation, cette grandeur de vue, cette unité que le génie de l'Association ou des gouvernements peut seul produire, elle apprécierait néanmoins l'esprit d'ordre et d'économie, les efforts d'invention et de courage que montre l'intérêt privé dans les entreprises qu'il parvient à rendre durables. Mais nous l'avons dit, sa tâche ne consiste pas à créer des ressources matérielles ; elle ne saurait non plus faire naître les heureux effets de ces longs noviciats sagement combinés qui devront donner un jour aux jeunes institutrices toutes les vertus de l'enseignement ; ce que peut faire de plus utile une inspectrice en venant dans les institutions, c'est d'y jeter quelques étincelles de cet esprit social et religieux qui leur fait défaut.

Elle sera convaincue que le pouvoir de conduire les jeunes âmes n'est pas le partage exclusif des corporations religieuses, qu'il existe au sein de l'instruction publique des intelligences disposées à comprendre le bien qui doit unir la science à Dieu, et rattacher la vie temporelle à la vie religieuse ; elle saura qu'elle parle souvent à des femmes chrétiennes, éprises de leurs devoirs, qui, sans briser avec ce monde qui pour elles est un surcroît de peines, ont assez de ferveur pour la foi et de confiance dans les grâces d'en haut pour ne pas abdiquer leur plus belle prérogative en confiant pour ainsi dire par procuration leur influence morale au sacerdoce.

Je sais que plus d'une de ces pensées et de ces manières d'agir sont étrangères aux mœurs actuelles de l'instruction publique des femmes, c'est pourquoi j'insiste sur leur utilité et même sur la forme que je voudrais voir donner à leur application.

Ainsi en reprenant le cours de mon inspection hypothétique, après avoir visité classes et dortoirs, je réunirais les directrices et les maîtresses, et là au milieu d'elles, en famille, comme une sœur, une mère, avec cet accent de vérité, cette parole aimante qui captivent et qui touchent, je les entretiendrais de leurs intérêts les plus chers, je leur montrerais qu'ayant éprouvé comme elles les tribulations de la profession enseignante, je suis portée de toute mon âme à compatir à leurs plaintes.

Après avoir essayé de leur faire comprendre l'espérance et la foi qui m'animent, je terminerais par des paroles à peu près semblables à celles-ci :

« Vous le voyez, Mesdames, ou plutôt mes
» amies, mes chères sœurs en la belle et sainte
» vocation de l'enseignement, la pensée qui dirige
» toutes nos actions doit partir d'en haut, car il

» n'est pas de mission qui soit plus élevée et plus
» digne que la nôtre; n'oublions pas que tout ce
» qui émane de nous doit être noble et utile ;
» que nous devons être les plus parfaites entre
» toutes, la leçon vivante dont Dieu se sert pour
» enseigner au monde comment il veut que soient
» les femmes.

» L'autorité au nom de qui je vous parle a les
» yeux sur vous, elle sait qu'il y a dans votre
» respectable corporation des épouses, des mères,
» des femmes de dévouement et de savoir qui
» usent leur vie dans la patience, qui depuis lon-
» gues années ont montré la sublime vertu d'en-
» lever souvent aux propres enfants que Dieu fit
» naître en leur sein la tendresse et les soins qui
» leur sont dus, pour donner tout leur temps ,
» toute leur âme au nombreux troupeau d'adop-
» tion que la Providence leur a confié ; imitons
» leur désintéressement et leur courage : autre-
» fois l'Église eût donné le nom de *mères* à ces
» femmes, en mettant en leurs mains le bâton
» pastoral, et quoique le Seigneur juste et bon
» voile aujourd'hui la récompense qu'il accorde à
» leur zèle, suivons leurs traces, croyez-moi,
» car la société reconnaissante en les plaçant au
» rang des mères de famille les plus vénérées,
» demain peut-être fixera leur carrière et abri-
» tera leur vieillesse.

» Directrices de maisons, qui m'écoutez, vous

» n'avez pas besoin de revêtir le cilice et de vous
» couvrir de cendre pour apaiser le Ciel et vous
» dominer vous-mêmes ; quand on lutte comme
» vous corps à corps avec les embarras d'une
» grande entreprise et qu'on supporte le fardeau
» et toutes les inquiétudes du pouvoir sans en
» avoir les avantages, on acquiert le droit de mo-
» raliser, de parler de Dieu et du devoir.

« Vous avez autorité pour prêcher à vos sous-
» maîtresses et à tout ce qui vous entoure, l'union
» et la bonté, l'amour de l'étude et le dogme du
» travail qui adoucissent les douleurs de l'âme et
» atténuent les misères du corps ; vous pouvez
» parler de religion, de vertus, de sacrifices, car
» instruites pour comprendre et goûter toutes les
» douceurs de la vie luxueuse, sans envier le
» repos, la grandeur des richesses, vous vivez au
» jour le jour, vous appartenez à la grande fa-
» mille qui n'a d'autre appui que la Providence
» et le labeur incessant pour se soutenir dans sa
» condition dépendante et chanceuse.

» Et vous, mes chères amies, mes jeunes
» sœurs, novices encore dans la carrières sa-
» vez-vous que Dieu vous a confié la charge la
» plus attachante, afin de voir sans doute par la
» manière dont vous la remplissez si vous êtes
» vraiment appelées à une vocation si méritante ;
» vous, toujours en contact avec les enfants, qui
» pouvez leur faire tant de bien et qui devez

» être responsables de tout le mal que vous leur
» laisseriez faire, ne prenez point ombrage des
» avis sincères que vous adresse celle qui
» parcourut, il y a si longues années, l'humble
» sentier où se portent vos pas. Souvenez-vous
» que le pouvoir entre vos mains ne doit pas être
» un jeu, un instrument inutile, encore moins un
» moyen rigoureux de satisfaire votre impatience
» par des réprimandes sans dignité ou des pu-
» nitions sans douceur et sans indication morale.
» N'oubliez pas que du haut de cette chaire où
» votre jeune expérience fait son apprentissage,
» vous devez présenter l'instruction, non comme
» un but de distraction ou d'orgueil, mais com-
» me un moyen de nous diriger selon les vues de
» Dieu en ce monde.

» Sachez qu'il n'est pas une des belles qualités
» intellectuelles que votre habileté enseignante
» ne parvienne à révéler à la conscience de vos
» élèves, qui ne doive servir à la formation de
» leur jugement et de leur raison ; aucune con-
» naissance des temps, des hommes et des lieux
» qui ne puisse concourir à leur félicité raison-
» nable ici-bas, et à les orienter sagement vers le
» port éternel où Dieu nous attend.

» Songez surtout que le courage et la patience
» vous appartiennent et qu'il dépend de vous
» d'améliorer sans cesse votre sort ; les longues
» heures d'étude, les combats livrés à votre fai-

» blesse ne sont jamais infructueux ; la conscien-
» ce et la joie du cœur vous disent assez qu'en
» remplissant votre devoir, vous faites le bien
» de vos frères et travaillez à votre propre ave-
» nir.

» Malgré la foule des concurrentes qui se heur-
» tent, l'énergie, le vrai savoir et la haute mo-
» ralité sont si rares que sans arriver toutes au
» premier rang, si vous savez vouloir, il n'est
» aucune de vous qui ne puisse conquérir un
» asile assuré, une place honorable dans l'arène
» agitée du monde. »

Je termine là, Monsieur, cette allocution qui outre-passe la mesure ainsi que cette épître entière. Vous devez voir que je ne donne que des indications, des avis que chacun peut supprimer, changer ou contredire : l'essentiel est qu'on se hâte d'agir, car le bien, le progrès ne s'accomplissent que par les efforts que le zèle suggère à chacun de nous, dans la sphère de ses attributions et de son pouvoir.

Si vous avez bien compris, Monsieur, toute ma pensée dans la motion de femme et d'institutrice que je fais passer sous vos yeux, vous trouverez que ces réflexions sur les inspectrices renferment le désir de trois améliorations importantes qui peuvent se résumer ainsi :

1° Du retour de l'enseignement à son but qui est : l'élévation de l'intelligence et du cœur, par la fusion de la raison supréme et du sentiment religieux.

2° De la création d'une Ecole normale supérieure pour asseoir l'enseignement sur des bases certaines, et former des maîtresses qui réunissent la science à la pratique.

3° De la nécessité d'un centre, d'un pouvoir paternel qui donne l'impulsion morale et scientifique, établisse les droits et rétribue les services, c'est-à-dire, de l'obligation d'ériger une Université dans l'instruction publique des femmes.

Recevez, Monsieur, l'assurance de ma considération distinguée,

J. BACHELLERY , *Institutrice.*

www.ingramcontent.com/pod-product-compliance
Lightning Source LLC
Chambersburg PA
CBHW051356050726
47595CB00006B/2588